PARTE DE MÍ

Cecilia Pinto Torrealba

Registro de Propiedad Intelectual
Inscripción N° 2020-A-5715, año 2020
Santiago – Chile

Si lo puedes soñar,
lo puedes crear.

Dedicado a todos
quienes tienen sed
de poesía ...

ÍNDICE

Mariposas 11

    Juntos 13

    Mírame 14

    Mediodía 15

    ¿Por qué me amas? 16

    Sabes 17

    Especial 18

    Porfiada 19

    Amor marino 20

    Lo que en sueños me dijiste 21

    Quiero 22

Ñuke 25

    Amor de madre 27

    4 generaciones 28

    Madre 30

Mundos colectivos 33

    Números 35

    Jirafa albina 37

    Paz 38

    Yerma 39

    Viajes 40

    Hoy 41

    No sé 42

    Perverso 43

    Partida 44

    Vergüenza 45

    Muñeca de cristal 46

Feminismo 49

    Mujer 51

Levántense, despiértense! 52
2 semanas: ten cuidado 53
¡Despierta! 54
Big Bang 55
Si quiero 56
Impotencia 57
Por Antonia y por todas 58
Te quiero 59
Reflexiones 61
Vive 63
Recordar 64
Pregunta 65
Nueva apuesta 66
Despertar 67
Vida 68
Lo que no me perdí 69
Eres 70
Mantra 71
Agradecimientos 73

Prólogo de la autora

La poesía me ha acompañado durante toda mi vida, de hecho desde mucho antes de que aprendiera a escribir, yo ya creaba poemas que le dictaba a mi madre para que ella los anotara por mí. Aún recuerdo esa pequeña libreta morada forrada con papel celofán que hoy guarda un pequeño trozo de mi infancia.

Recuerdo que de pequeña jugábamos a hacer rimas con mi madre y mi tía. Entre esos versos infantiles, yo era feliz.

Desde entonces vuelco mis emociones en el refugio de la poesía, en esos cuadernos que me regalaba (y aún me regala) mi tía cada Navidad para que los llene de poemas, para que los llene con mi alma.

Y es mi alma la que hoy comparto contigo. El libro que ahora tienes en tus manos es el resultado de una selección y recopilación de poemas que vengo escribiendo desde el 2018, y los he elegido ya sea por los temas que tratan como por la estructura de sus versos y rimas.

Aquí no encontrarán una poesía moderna, ausente de rimas, y lo siento si era lo que esperabas. Pero si hay algo que me encanta de la poesía, es justamente *la rima*, esa musicalidad intrínseca escondida en el papel a la que usted le dará vida al leer.

Para su comodidad, he ordenado los temas de este libro en cinco capítulos, los cuales puede leer en el orden que mejor le parezca.

Mariposas tiene relación con esa sensación que sientes en el vientre cuando te enamoras.

Ñuke significa *madre* en mapudungun. Es un capítulo dedicado a la magia y a la huella que dejan las madres. Es un recordar el origen, por eso lleva su título en dicha lengua.

Mundos colectivos es una crítica social y a la vez un reflejo de la sociedad, su cotidianidad y los constructos socioculturales en los que estamos inmersos.

Feminismo es el reflejo de lo que he ido aprendiendo de este potente movimiento y, a la vez, una invitación a la mujeres a empoderarse, a no rendirse. Es un canto para, ojalá, despertar este sentimiento en sus corazones y crear una nueva realidad.

En *Reflexiones* te comparto aquello que me desvela en las noches. Cosas que he ido aprendiendo y quizás puedan serte útiles.

Espero lograr que alguno de los versos de este poemario, los marqué así como a mí me ha marcado la poesía, o al menos que disfrutes al leerlo.

Bienvenida

Bienvenido lector, ¿qué te trae por aquí?

que viniste a este río caótico organizado por mí.

Aquí podrás conocerme así como fui conociéndome yo.

Y quizás hacer un par de reflexiones conmigo.

¿Por qué no?

Bienvenido a este camino

de párrafos y estrofas,

de rimas y versos,

mi amada prosa.

Bienvenido a los signos de pregunta y de exclamación.

Bienvenido a mis ideas y cosmovisión.

Bienvenido a la forma de ver el mundo que tengo yo.

Espero sea de su agrado

o que la respete si no.

¡Bienvenidos todos!

Mariposas

Juntos

Quiero creer que si tomo tu mano,
si te abrazo despacio
y me acuesto en tu hombro,
sentiré ese calor,
esa hoguera reconfortante,
ese abrigo inhumano,
de sol de media tarde.

Quiero confiar en tu mirada despierta,
en tus palabras seguras,
en tu oído atento.
Y dormir en tu pecho
sin temer cosa alguna
pues contigo estoy segura,
tu protección me vela.

Te he elegido como fiel compañero
como amante sincero
y cómplice discreto.
Te he elegido porque juntos,
sin dejar de ser yo
también somos uno.

Mírame

Mírame fijo a los ojos
y si en ellos no ves amor sincero
te diré que estás ciego,
porque tengo las puertas del alma abiertas
desde que te conocí más allá del cuerpo.

Mírame a los ojos y dime lo que ves.
No me mires poco, mírame bien.
Ahora yo te miro de la cabeza a los pies
pero me caigo en el abismo
de tu pupila color miel.

Mediodía

Y siento mi cara vieja y arrugada
y los pensamientos me pesan y me atan
y tu mirada es fría cual niebla
y mis latidos suaves, tiemblan.

Tu voz como un susurro
se escucha a lo lejos
mis oídos ya están mudos, ha pasado el tiempo.

Y me levanto de la cama con el sol en la cara
y en mi cabeza revolotean las verduras de la ensalada
y tus pisadas son firmes cual suelas de plomo
y en tus manos las bolsas de lo que meteré al horno.

El perro que ladra se escucha más cerca
para lo que estoy de sorda ya cruzó la puerta.

Y tú lo sacas a patadas con tu voz de rifle
y yo me ordeno el cabello con el peine que me diste
y te acercas a mi rosto y besas mi mejilla
y me sonrojo al oír que me amas todavía.

¿Por qué me amas?

Porque cada día creces,
en cada amanecer floreces
y tu sonrisa ilumina
cada pestañear de mi mente.

Tu voz es poesía
tu despertar me estremece
quiero quedarme dormida
en tus brazos celestes.

Esos brazos fuertes
así como tu risa
que es pura vida
y así se siente.

Sabes

Tu mirada me atraviesa como mil puñaladas;
es como si todo lo supieras
y no tuviese que contarte nada,
como si ya me conocieras y tocaras mi alma.

Sabes dónde está mi dolor y dónde está mi calma.
Sabes cómo encender el fuego y mantener la llama.
Sabes abrazarme en silencio y hablar con la mirada.
Sabes cuándo decir "te amo" y cuando un "lo siento".
Sabes que detrás de la calma, muero de miedo.
Sabes que soy sensible y me tratas con cuidado
pero sobre todo, sabes que te amo.

Especial

No hicimos nada particular ese día,
no salimos a ningún lado.
No fuimos a bailar
ni de compras al supermercado.

Solo estuvimos juntos,
nos acompañamos en nuestros deberes,
compartimos con nuestras familias
nos abrazamos y vimos tele.

Reímos hasta quedarnos dormidos
nos besamos con labios y pies
nos susurramos "te amo" al oído
y preparé dos tazas de té.

Compartir esos 3 días juntos
fue MÁGICO y ESPECIAL,
fue descansar en un oasis
en medio de un mundo que avanza sin parar.

Porfiada

Me duele tu indiferencia,
me duelen tus desaires,
me duele tu displicencia
y tu ausencia de modales.

Me angustia y me apena
sufrir mal de amores,
pues el corazón es quien manda
y olvida de cabeza los dolores.

Me duele tu indiferencia,
me duelen tus desaires,
me duele tu displicencia
y tu ausencia de modales.

Mas mi corazón te ama
y te piensa en la noche,
me grita que borre la pena,
y olvide mis temores.

Amor marino

- Para este marinero tú eres el único océano.

- Solo tú has sabido dominar mis oleajes.

- Quiero estar contigo sin importar la marea.

- Juntos sobreviviremos cualquier tormenta.

- Tus lunares son las estrellas que guían mi rumbo.

- Cada vez que te miro, me baño en tu mirada.

- Eres la sirena que me ha salvado la vida.

- Quiero encontrar contigo el fin del mundo.

- Mi brújula siempre apuntará en tu dirección:

amor de mi vida, latir de mi corazón.

Lo que en sueños me dijiste

Quiero recorrer tu piel café colombiano

y comerme a besos tus labios cubanos.

Quiero afirmarme en tus caderas cordilleranas

y beberme tu risa, alegría mexicana.

Quiero que me ames con pasión española

y perderme en tus lunares, islas griegas remotas.

Quiero ser buda meditando en tu mirada

y acariciar tus manos de princesa asiática.

Quiero dormir en tu lecho africano

y que con un canto polinésico me arrulles hasta el
ocaso.

Quiero

Quiero cambiar mis cadenas
por lanas de mil colores.
Quiero desechar mis chaquetas
y romper mis pantalones.

Quiero un vestido con mandalas
y en la espalda tatuarme flores.
Quiero inventar mis carreteras
y de estrellas llenar mis noches.

Quiero contarte mis penas
y escribirte mil canciones.
Quiero cantar con las caderas
y meditar entre sauces llorones.

Quiero prometerme que un día
dejaré atrás mis temores
y surgiré de entre cenizas
como ave de Fénix ante tus soles.

TE MIRO Y SIENTO PAZ,
ESO ES EL AMOR.
NO NECESITO UN REVOLTIJO DE MARIPOSAS.
ME BASTA CON UNA
REVOLOTEANDO A MI CORAZÓN.

Ñuke

Mapudungun para "madre".

Amor de madre

Cuánto amor he de sentir,
para amarte así de cerca,
para amarte a la distancia
contra vientos y mareas.

Cuánto amor he de sentir
que se me escapa el alma
que se me escapa el alma
con este latir que siento.

Cuánto amor he de sentir
que me cala los huesos
que espiro como aliento
si te apoyas en mi pecho.

Cuánto amor he de sentir
que se me sale el alma
que se me sale el alma
si un poco a ti me acerco.

Cuánto amor he de sentir
sangre de mi sangre
fruto de mi vientre
mi más grande anhelo.

Cuánto amor he de sentir
que por ti moriría
que por ti mataría
vida de mi vida.

4 generaciones

Se enamoró de un mal hombre luego de quedar viuda
y te dio más hermanos de los que ya cuidabas.
Ahí en tu pena por perder a tu padre,
te tocó hacer de madre de hermanos nuevos.
Te faltó el cariño de tu madre, ocupada pariendo niños.
Te faltaron los mimos de la infancia, tuviste que crecer
sin aviso.

Cargabas bebés a tus diez años,
cocinabas rodeada de llantos.
Por las noches ocultabas tu pena,
sola y en silencio.

Pasaron los años y te casaste, ahora crías a tus hijos.
La última de la camada: mi madre,
la cuero de chancho, la ruda.
Se defendía sola en la hostilidad de un internado.

También le faltaron los cariños de la madre
también le faltaron tus mimos, que no podías darle.

Y aquí me tienen a mí: la cuarta generación,
falta de afecto de una madre
a la que le faltó tu amor.

Que quede claro
que la amo como a nadie,
pasamos hermosos tiempos juntas
entre bolsas de lanas e hilos de coser.

Me diste aquellos momentos
que a tu hija no pudiste en su niñez.

Eran momentos difíciles,
y te fuiste antes de tiempo,
dejando atrás un vacío
lleno de tristeza y desconcierto.

Sé que amaste a mi madre a tú manera y cómo te fue
posible.
Sé que también a mí me amaste y que tu vida fue bien
difícil.
Sé que fuiste dura para esconder lo que te hacía frágil
y quizás sin quererlo tus hijos aprendieron eso de ti,
incluida mi madre.

Sé que ella me ama, a su manera dura y fría,
pero con tiempo y paciencia
voy derritiendo las esquinas
de ese corazón duro, al que tú diste vida.

Sé que en mí arreglaste el daño,
de este ciclo de amores congelados.
Espero un día tener una hija,
para amarla como tú me amaste
y como con mi madre, vamos amándonos.

Tranquila que no hay rencores,
descansa en paz ángel mío.
Solo guardamos lo bueno
y se nos va quitando el frío.

Madre

Te ama antes de conocerte,
y te ama aún más al verte.

Te ama sin razones,
sin peros, ni condiciones.

Te ama cada día,
por el resto de su vida.

Su amor no tiene medida,
y su abrazo es siempre un refugio.

MAMÁ ES LA QUE TE CRÍA.
MAMÁ ES LA QUE TE GUÍA.
MAMÁ ES LUGAR SEGURO.
MAMÁ ES AMOR DEL PURO.
MAMÁ ES UN LAZO FIRME
PARA TODA LA VIDA.

Mundos colectivos

Números

Odio cómo los números transforman a la gente,
la vuelven invisible,
una cifra que miente.

Odio a la estadística cantando sus muertes,
desvaneciendo identidades,
sólo un montón de gente.

Odio esa capacidad ligera de reemplazar la vida,
con esa hipocresía enmascarada de inocencia.

Odio que se haga costumbre este acto vil,
todos coreando la tragedia
como algo fácil de digerir.

Que sea fácil y se entienda,
que sea simple y lo comprendas,
respalda el hecho,
que de la realidad se aleja.

La vida no es simple;
y el número con que la quieras representar
siempre quedará corto,
siempre le faltará algo,
nunca será preciso,
nunca será perfecto,
nunca será real.

Solo es un acto siniestro,
un escueto resumen
de lo que te quiere contar,
pero que esconde en su forma
mil realidades detrás.

Jirafa albina

Frente a este mundo tan abrumador,
me cubro, me recojo
me repliego en mí misma.

No quiero que me manchen.
No quiero que me toquen.
No quiero que me contagien con sus temores.

No quiero que me quiten el alma
y roben mi verdad.
No quiero que borren mi sonrisa
y encierren mi libertad.

No quiero olvidar mi risa,
ni que pinten mi rostro de gris.
No quiero sentirme sardina
ni perder lo que me hace feliz.

No quiero que manejen mi vida,
no quiero olvidarme de mí,
no quiero que se vuelva ceniza
lo que en este libro escribí.

Paz

¿Será mucho pedir
pensar en cuántos problemas dejarían de serlo
si nos respetáramos entre todos
sin importar el sexo, ni el color de piel;
sin importar el credo, ni el país de origen;
sin importar la identidad de género
ni la orientación sexual;
sin importar los partidos políticos
ni la clase social?

Seríamos felices.
Viviríamos en paz.

Yerma

El cielo se ha nublado,
el sol se ha escondido,
mañana bañaremos a la perra
o cogerá un resfrío.

Nada nuevo bajo las nubes,
en el árbol, el mismo zorzal.
El perro duerme su siesta.
Yo pensaba salir a caminar.

Es un día corriente,
una llamada que deja todo igual.
Te he dedicado mis versos más profundos,
pero hoy es solo futilidad.

Si esperas que me alegre,
sigue desnudo; pero nada pasará.

Me siento vacía,
como barco sin mar
como árbol desnudo,
como canción sin compás.

Busco mi lápiz y lleno una hoja,
quizás eso me llenará...

Viajes

Y nuestros sueños de viajar
se vieron repentinamente truncados.
Ya no era la billetera el problema,
sino un virus que se nos escapó de las manos.

Adiós a los sueños de conocer,
de maravillar la vista con paisajes nuevos,
de jugar a hablar idiomas extranjeros
y sacarnos fotos con mil monumentos.

Pero aunque nos quiten todo,
siempre tendremos los libros,
ese pasaporte literario
que te lleva a mundos desconocidos.

Al menos tenemos los libros
y un viaje seguro entre sus tapas.

Hoy

Hoy no me preocupo de la casa,
me preocupo del jardín.
Así que anda a hacer tú las camas,
que yo me quedo aquí.

No hay peor jaula que las palabras
y las reglas por nosotros inventadas.

Detesto la hipocresía y los cretinos,
las falsas sonrisas y falsos cumplidos,
el cinismo descontrolado y sin reservas,
los saludos de cortesía que por detrás hacen muecas.

No hay peor jaula que las palabras
y las reglas por nosotros inventadas.

No sé

Ese horrible sentimiento
que no puedes describir
que no es pena ni es angustia
pero tampoco eres feliz.

Te oprime fuerte el pecho,
no puedes sonreír,
porque sería mucho cinismo
y sabes que no eres actriz.

Perverso

Escribieron de las mujeres más terribles,
y nosotras de los hombres más siniestros,
Pero aun así, tú y yo sabemos
que hasta el ser más terrible y perverso
puede amar
y sentir miedo.

Partida

Si te lo vas a llevar, llévatelo;
pero llévatelo sin dolor,
llévatelo en un beso,
pero llévatelo sin dolor,
llévatelo en un suspiro,
pero llévatelo sin dolor,
abrázalo despacito,
que alcance a decirle "adiós" ...

Vergüenza

Entre verso y verso,
me arrepiento de las rimas
que de mi boca salen
y que pongo en tinta,
ante los ojos de ¿quién sabe?

Me arrepiento de cada estrofa
y de cada frase,
de cada coma
y punto aparte.
Si no calza la rima
y si no recuerdo esa fugaz palabra,

Perdone mi ortografía,
perdone mi sintaxis,
perdone estas torpes rimas
que son mi profilaxis.

Muñeca de cristal

Muñeca de cristal, con calzado de piedra,
vestido de hierro y pulseras de tierra.
Tu sombrero es de hiedra, tu cartera es de fieltro,
tu sonrisa es de cera y tus ojos de fuego.

Te sientas en la acera
en un cojín de miedo
y te quedas a la espera
sin saber que te mintieron.

Cae la lluvia espesa
hay humo en tus ojos;
tu sueño se vuelve arena
el cojín es de hinojo.

Es de noche en Alameda
el cojín es de enojo,
los zapatos son de piedra
buscas el sendero rojo.

Volverás a casa,
taparás el cerrojo,
cerrarás cada puerta,
tú corazón quedó cojo.

Muñeca de cristal, con calzado de piedra,
vestido de hierro y pulseras de tierra.
Tu sombrero es de hiedra, tu cartera es de fieltro,
tu sonrisa es de cera y tus ojos de hielo.

EL MUNDO LO HACEMOS NOSOTROS
NUNCA ES TARDE PARA CAMBIAR
PARA CUESTIONARNOS EL ENTORNO
PARA MEJORARLO
PARA DESPERTAR.

Feminismo

Mujer

Quiero quererme fuerte y libre.
Quiero escucharme y sentirme.
Quiero mirarme y ser orgullo
de mis desiertos y mis surcos,
de mis selvas y mis frutos
de mis montañas y mis llanos.

Oír mi voz, que es grito
de mis ancestros y mis hijos,
de las mujeres que luchamos,
de las mujeres que no callamos,
de las mujeres que nos criaron,
de las mujeres que nos alimentaron.

Quiero bailar sin razones.
Quiero caminar sin temores.
Quiero pelear como niña.
Quiero viajar con amigas y volver sana con mi familia.
Quiero que mis pasos tengan el valor que merecen.
Quiero que mi voz sea igual de fuerte.

Quiero que mis palabras queden tatuadas en tu mente.

Levántense, despiértense!

Levántense las diosas... mis mujeres poderosas.
Despiértense indomables... mis mujeres salvajes.
Levántense las diosas… mis mujeres guerreras.
Despiértense conscientes... mis mujeres combatientes.
Levántense las diosas... mis mujeres gozadoras.
Despiértense sin miedo, sin tapujos, sin encierro.
Levántense las diosas... mis mujeres sabias.
Despiértense las lobas... compañeras de batalla.
Levántense las diosas… mujeres instintivas.
Son la Madre Tierra.
Son VIDA.

2 semanas: ten cuidado

Lunes: te coge entre sus brazos.

Martes: te grita hasta el espanto.

Miércoles: te acaricia hasta dormirte.

Jueves: se va sin despedirse.

Viernes: te besa antes de dormirse.

Sábado: ojos morados y tristes.

Domingo: maquillaje antes de salir.

Lunes: sonrisas falsas al ir y venir.

Martes: jalón de pelo y golpe en la cabeza.

Miércoles: lloras en el baño, de noche sigues despierta.

Jueves: vuelcas tu rabia sobre ti misma.

Viernes: buscas ayuda, planes de huida.

Sábado: haces maletas, no importa el destino.

Domingo: "¡No vas a ningún lado!" ... un último grito.

¡Despierta!

Dentro de ti está dormida
la mujer que es guerrera,
que es sabia y curandera,
que es una con la Tierra.

Dentro de ti está dormida,
la Diosa de la vida,
de la belleza y medicina,
luz de plata en mediodía.

Dentro de ti está dormida,
la mujer empoderada,
la guerrera de la Sabana,
la guía de las Amerindias.

Dentro de ti están dormidos,
los conocimientos de la Pachamama,
el mapa de las estrellas,
oasis de esperanza.

Dentro de ti está dormido,
el grito de la Amazona,
el instinto de la loba,
el vuelo del águila.

Dentro de ti está dormida,
la fuente del amor,
la danza de la luna,
y un grito que es canción.

Big Bang

Y cuando ya no pudo más,

su mundo interior reclamó su espacio,

y salió de las sombras buscando la luz.

Fluyó un manantial de su corazón,

de su pecho salieron abejas y mariposas,

y una enredadera envolvió su cuerpo,

con rosas en todo su trayecto.

Ya no podría ocultar toda la vida que llevaba dentro.

Ya no podría ignorar la belleza que brilló en su cuerpo.

Ya no podía quitarle lugar a lo que sentía en su corazón,

porque en toda su geografía

dejó su rastro y se dibujó.

Si quiero

Si quiero, hago conmigo lo que quiero

yo soy la dueña de todo esto.

Si quiero, lo rompo.

Si quiero, lo quemo.

Si quiero, lo escondo.

Si quiero, lo muerdo.

Si quiero, lo como y lo escupo bien lejos.

Si quiero, lo arrojo y lo cubro de estiércol.

Si quiero, lo hago polvo y se lo regalo al viento.

Pero jamás será tuyo

porque jamás volveré a estar muda

porque si tiene mi nombre, es mío

y yo decido si me verás desnuda.

Impotencia

Mientras el agresor sea protegido,

¿cómo quieren que estemos tranquilas?

Mientras el agresor se vuelve agredido,

viviremos con miedo, esa no es vida.

Mientras el agresor ande suelto

y la justicia nos sea ingrata,

nos oirán gritar de lejos

¡La justicia nos mata!

Por Antonia y por todas

Vivimos con miedo,
con rabia y frustración.
Porque dejan suelto al asesino,
al agresor y al violador.

Porque usan excusas
para justificar la violación.
Porque aquí no hay justicia
ni sanción *pal´* violador.

Pero nosotras estamos juntas
y no nos callaremos
no bajaremos los brazos
no nos rendiremos.

Nosotras estamos juntas
y no pararemos
hasta que tengamos justicia
para todas las que se nos fueron.

Te quiero

Te quiero libre y segura,

radiante y testaruda,

gritona y rebelde,

que no te importe qué diga la gente.

Te quiero despierta y con energía

¡que esta lucha aún no termina!

TODAS SOMOS HERMANAS,
SOMOS ROSAS DEL MISMO JARDÍN,
SOMOS RAMAS DEL MISMO ÁRBOL,
SOMOS LA MISMA LUCHA.

Reflexiones

Vive

No le des importancia
a lo que el resto considere importante,
aprende a distinguir
aquello que para ti es arte.

Que no te abrumen las presiones exteriores
que no te preocupen otras opiniones.

Vive tu vida
y que el resto viva la de ellos.
Vive tu vida,
que solo tienes un intento.

Recordar

Si amas a alguien,
ama con todo.
Respeta lo que quiere,
no le impongas tus modos.

Si amas a alguien,
hazlo con confianza,
apóyalo siempre
sin importar nada.

Si amas a alguien,
¡ama a lo grande!
la idea es que sientas
que el corazón no te cabe.

Si amas a alguien,
ama sin miedo, sin controlar,
ama ciegamente
sin atar ni obligar.

Procura que las discusiones,
(porque siempre habrán)
no pasen de una noche,
es importante conversar.

Jamás te guardes la pena.
Jamás te guardes el llanto.
Jamás te guardes un "te quiero"
Jamás te guardes un "te amo".

Pregunta

¿Qué hacer cuando el destino
lo gobierna la incertidumbre
y te carcome la costumbre
de pensar y pensar
si no sería un desatino
cambiar de rumbo
y dejarse llevar?

Nueva apuesta

No dejes que nadie te diga
que no eres suficiente,
o que no eres ni serás capaz,
no importa quien lo piense.

Nadie te conoce
mejor que tú misma,
y ni siquiera tú conoces
todo tu potencial.

Ámate y cree en ti,
eres capaz de esto y mucho más.
Porque estás viva, porque respiras,
porque en el fondo de tu corazón,
quieres vivir esta vida.

Porque aunque no lo creas,
te carcome la curiosidad
de saber qué pasaría,
si apostaras por tí y por nadie más.

Despertar

Necesito un nido,
pero un nido bien fuerte;
para despertar del embrujo
que me trae inconsciente.

Quiero despertarme a mí y despertar mi alma.
Con el cuerpo reír y cantar con ganas.

Quiero saber a qué vine y por qué estoy aquí.
Qué me quedó inconcluso y de qué me perdí.

Quiero encontrar mi camino y ese curso seguir.
Quiero encontrar mi destino y la misión que debo
cumplir.

Quiero mirar las estrellas y acordarme de ayer.
Quiero llenarme de aire y sentir que estoy viva otra vez.

Vida

Bendición, desgracia, ¿quién sabe?
Son las dos opciones que trae.
Cada suceso que ocurre en nuestras vidas,
llanto, risa, ¿quién sabe?
Existen muchas reacciones en la pista.
Medio lleno, medio vacío, ¿quién sabe?

Tú eliges cómo lo ves.
Si quieres ser feliz
o te prefieres entristecer,
si quieres salir adelante
o estancarte y pensar en retroceder,
si eliges levantarte
o esconder la cabeza entre los pies.

Deja que la vida fluya
y fluye con ella también,
si te cansas, aliviana la carga
pero no te dejes de mover,
que la vida es muy linda,
y muy corta a la vez.
Si quieres vivirla toda,
nunca dejes de aprender.

Lo que no me perdí

Si en morir pensé un día,
agradezco que sólo quedara en pensamiento,
pues me habría perdido
de maravillosos momentos.

De tus besos en la boca,
en la mejilla y en el cuello.

De los abrazos de mi madre
y ver series en nuestros desvelos.

De las sonrisas de mi padre
y sus sabios consejos.

De las miradas cómplices con mi hermano
y de compartirnos videos.

De toda la gente hermosa
que ha hecho de mi vida un sueño.

Eres

Polvo eres y al polvo volverás.
Luz eres y a la luz volverás.
Nada en esta vida es eterno
pero en otras ya verás,
que la energía no se esfuma
solo te transformarás.

Mantra

Haz ejercicio por diversión,

come lo que te gusta con moderación,

y mírate al espejo con AMOR.

DEL PENSAMIENTO
SURGE UNA IDEA.
ME DESARMO,
ME ARMO,
HAGO CAMBIOS.
A LA MAÑANA SIGUIENTE
SOY UNA PERSONA NUEVA.

Agradecimientos

No puedo terminar este libro sin agradecer a todas aquellas personas que me ayudaron a transformar este sueño de toda una vida, en realidad.

Primero agradecer a Sylvia Torrealba, por escribir mis poemas cuando aún ni sabía tomar un lápiz, por darse el tiempo de crear esos momentos maravillosos conmigo.

A Clarisa Torrealba, por cada año regalarme libretas para escribir mis poemas, por entregarme ese amor por la poesía y por los libros.

A Fabián González, que fue el primero en alentarme a cumplir este sueño y me ha ayudado durante todo el proceso de creación de este poemario.

También quiero agradecer a Soledad Ciudad, que fue la primera de mi círculo de amigas en leer el borrador y entregarme sus apreciaciones y consejos.

Un agradecimiento especial a la gran María Vaquero, escritora amiga del otro lado del Atlántico, que conocí este año a través de su libro "Raíces", y que fue correctora además de consejera en este, que es mi primer proyecto literario.

A mi prima Rocío Torrealba, por enseñarme sobre feminismo, por escucharme, por aconsejarme, y por su ayuda en la creación de la portada de este libro.

Por último, agradecerte a ti que estás leyendo este poemario, por confiar en mi propuesta y regalarme la alegría de ser parte de tu biblioteca.